PUNKTE

und andere Gedichte

© 2003, Jens- M. Gumpert
Satz, Umschlagdesign, Herstellung und Verlag: Books on Demand GmbH,
Norderstedt
ISBN 3-8334-0370-5

JENS-M. GUMPERT

PUNKTE

und andere Gedichte

Illustrationen: SABINE SAYNISCH

Die Gedichte von Jens- M. Gumpert – ich weiß nur eines – immer wieder werde ich sie lesen. Sie liegen griffbereit – manchmal erreiche ich sie nicht, ein andermal fallen sie wie Ereignisse ein oder wie magische Verzweigungen, denen ich leise folge, um sie nicht zu stören.

Es gibt keine Anweisungen für den Umgang mit Gedichten.

Jeder, der die hier vorgelegten liest, wird sie immer wieder auf neue Weise lesen, empfinden und durchdenken. Auch dazu lädt der Autor ein, seine Sprache verträgt den Gedanken, den begleitenden, den umgreifenden, den empfindenden; auch zu analysieren mag versuchen, wer das wagen will.

Die Freude, die Sie hier erwartet, auf die Sie vielleicht innerlich eingerichtet sind, kommt nicht pünktlich, quasi auf Bestellung. Sie hängt wesentlich von Ihrer eigenen Verfassung ab. Auch da, wo Sie meinen, jetzt sei es einmal amüsant und heiter- Sie können sich irren. „Nur" eine Seite- das ist Jens- M. Gumpert fast immer zu wenig, oder, wenn Sie wollen, fast nie genug.

Nun ist gesagt, was zu sagen mir vielleicht erlaubt ist.

Ihnen wünsche ich, dass Sie

      lesen – lesen – und immer wieder lesen

und Jens- M. Gumpert, dass er

      schreibt – schreibt – und immer weiter schreibt –

für sich und für uns.

              Doris Saynisch

Erst Gestern

War es nicht gestern erst
dass wir uns das Ja-Wort gaben
in der Kapelle neben dem Schloss im Park
war es nicht gestern erst
dass unsere Tochter geboren wurde
es muss gestern gewesen sein
dass unsere Tochter eingeschult wurde
unser Sohn das Licht der Welt erblickte
bestimmt war es gestern
dass unser Sohn zur Schule ging
und unsere Tochter
Konfirmation feierte
das Leben gleicht einem Augenblick
aber wenn wir Glück haben
bleibt es ein Augenblick
voller Augenblicke
wie gestern erst

Ohne Weiteres

Ein Stück weit gegangen
und schon leicht auf im Flug
im Wind voller Bangen
mit Sehnen nach Herz und Tor

der Abschied war ein Theater
mit Traurigkeit
über Mitleid und Müdigkeit
im Herzen
zweimal derselbe Schlag
und keine Seele

die Tür geöffnet
der entscheidende
lächerlich leichte Schritt
eilend mit dem Fuß
kein Rückwärtsrichten
rasch in Geste und Gebärde

ohne weiteres
über die Schwelle geweht
die nichts mehr trennt
aber alles verbindet

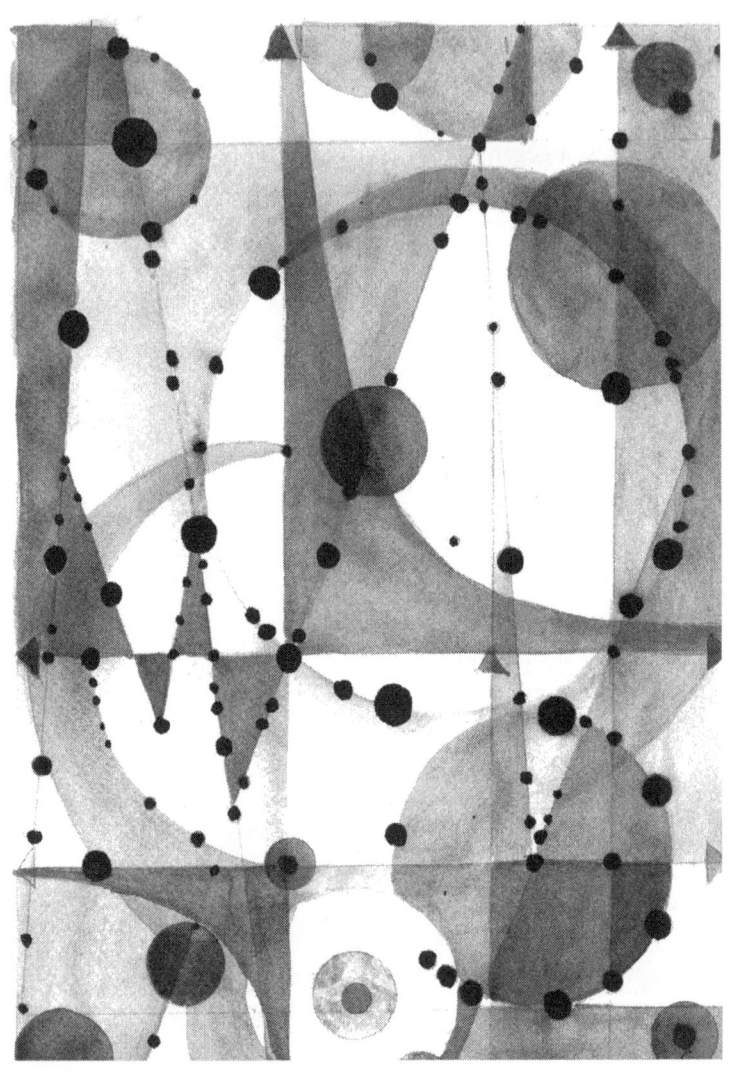

Punkte

Punkte steigen
Punkte fallen
punkten
schweben über allem
errechnen konsumierte Einheitsdaten
lassen sich fassen in Koordinaten
und ziehen
in zweideutiger Weise
rund um alles
schließende Kreise

Das stumme Kind

Ich habe gehört
Gottes Wort
des Pfarrers Predigt
über Schuld und Schande
ich habe gehorcht
auf Vaters Befehle
Ermahnungen tagtäglich
zu meinem eigenen Wohl
ich habe vernommen
die Stimme des Gewissens
durchdringend und streng
wie die Blicke der Mutter
ich habe gehört gehorcht vernommen
nur gesprochen habe ich nie
meine stumme Seele weint

Gediegene Langeweile ohne Befriedigung

Dämliche Gelassenheit unsinniger Worte
stehen voll Zufriedenheit jedem zu Gebote
verdrängen qualvoll stetige Gedanken
erhalten sorgenvoll nur das Verlangen

Armselige Verlassenheit eines Erlebens
ohnmächtige Ergebenheit ohne Verstehen
ständige Begebenheit einer Erinnerung
frisst im Gedächtnis zerstört ohne Linderung

Samtweiche Leere des Alleinseins
ersehnt die Erfüllung nur durchs Dabeisein
adlige Traurigkeit der Selbstzerstörung
siegt über Verlegenheit nur durch Betörung

In Cordoba

In diesem Sinne war alles vollendet
da erwuchs mehr
als eigentlich getragen werden konnte
von einem Säulenwald
doppelbögig in Rot-weiß-Verzierung
noch sicher
von einem erhabenen Ritus
aber
wie viel Scheinähnliches drängte sich
zwischen das Tiefe
stillos
aufgepfropft auf Säulengepränge
so frisch in Goldbezug
so sichtbar in grellen Farben
Glanz zerstörend
Abscheu beschwörend
und aus tiefster Eitelkeit geboren
doch
war dort auch einer
der sich entzog
unscheinbar aber unübersehbar
aus gelbem glanzpoliertem Elfenbein
an das Kreuz genagelt
Löcher durch die meisterlichen Hände
die wundersam ausgeprägten Füße
mit ganzem Leib gestorben
jenseits mit unendlichem Licht
und sicherer als Stütze
als schier unzählbare Säulen

Gleiche

Wenn es dadurch wahr würde
dass Gleiche sich einigten
Deutbares über ein Ich zu glauben
dies für sich wüssten
und mit unverminderter Härte verschwiegen
weder einen Teil ihres Gesichtes verzögen
noch ein tatgeballtes Glied ihres Körpers
wenn also
die spionierenden
und bespitzelnden Augen
teilnahmslos in ihren Höhlen ruhten
den Blick zurückgezogen
hinter einer Barrikade
das ratternde Mundwerk
halb geöffnet zu stehen käme
und nichts hervorbrächte als den
in den Lungen ausgetauschten Atem
die rüffelnde Nase
fleischig nur nach vorn wiese
und ebenso verharrend
die Finger der geschlossenen Hand
aneinander lägen
die Beine
durchgedrückt
nur ständen
dann wäre offenbar
dass nur ein Ich
klar durchscheinend
unverdeutbar offenkundig
meinem Geist und meinem Körper eigen wäre

Du lebst um zu leben

Du lebst um zu leben
mit ihnen zu leben
du lebst nebenher
du spürst sie kaum
sie glauben du liebst sie
sie glauben du siehst sie
du kannst nicht mehr lieben
du siehst sie nicht mehr
banal klingen die Weisen
die weisen Gedanken
die weich weise weichen
du hörst sie täglich
du hörst sie nicht mehr
du fliehst zu den anderen
mit deinen Sinnen
du gibst dich erkennend
sie merken es nicht
sie reden von sich nur
sie lieben zu reden
genussvoll zu sprechen
samtseidene Worte
du hörst sie nur fern
du fliehst zu dir selber
du lebst für das Eig'ne
es wallen Gefühle
du gibst es auf
du lebst um zu leben
mit ihnen zu leben
du lebst nebenher
du spürst sie kaum

Abschied

für Susanne Ritzau

Abschied nehmen wir
wie wir gelebt haben
auch zögernd
auch unter Protest
und sicherlich ist es nicht das Dümmste
nochmals in den Spiegel zu schauen
als Greise werden wir nicht geboren
und Kinder nehmen keinen Abschied
ihnen fällt eine Tür zu
ehe sie sich umgeblickt haben
nicht jedes Abschiednehmen ist wortlos
aber Abschiedsworte gibt es nicht
nicht jedem fällt Abschiednehmen schwer
aber das bedeutet noch gar nichts
Abschied ist endgültig unvollkommen
wird es unwichtig
wie wir Abschied nehmen?

Weite ohne Grenzen

Weite ohne Grenzen
erstickt im Unermesslichen den Schall
flicht Sonnen zu Feuerkränzen
und stößt sie dann zu Fall

treibt abgespaltene Splitter
unendlich durch den Raum
webt sie in Lichtergitter
aber berührt sie kaum

lässt Nebel sich verengen
zu Erden werden im All
die alle Monde verdrängen
wieder glühen im erstickten Schall

In Arles

Sich wiederfinden im Kloster Saint Trophime
nicht mehr davon überzeugt
Oleander blühe schöner nie als hier
tiefer im Blick den Zypressen folgen
in ihr Geäst
und dabei lernen von der Kunst Kirchen zu betrachten
im Geheimnis Kreuzgänge zu beleben
steinern ist nicht unbewegt
und Gesichter treffen Gesichter
wie zweierlei Leben
nur Sprache wird nicht laut
und wer gewöhnt ist zu hören
muss dies auf Gebärde verlegen
den Gebückten ihre Last ablesen
und sich fügen
wenn es nicht gelingt
Neulinge lieben die Sonne
und steigen in den Garten
dabei brauchen sie im Kreuzgang die Ruhe nicht zu fürchten
es scheint zwar stille Winkel zu geben
doch Kreuzgänge kennen keine Ruhe

Zum Tod des Vaters

Das Schmerzgeborene
von Memlings Hand
wir sahen es einmal
und wir dachten nicht
es wäre für alle Herzen
oder dieses Herz bestimmt
um null Uhr dreißig
obwohl nicht allein
und wie gern hätten wir gewusst
du könntest uns hören
wie leicht wäre es
nach dem Stück des Weges
im Flug und im Wind
aber der Abschied wäre nicht ernst
du fändest wonach du strebtest
und am Tag das Wiedererleben
und die Nacht liedlos
wie der Tag ohne Traum
ein Neues ein Nichts
und kein Ende
es ist so bang
dein Tag im Oktober
und um null Uhr dreißig
ganz allein

Geschriebenes Ich

Geschriebenes Ich
stehend
in einem goldenen Stall
rundherum das Du das Dich
glänzend in einem anderen Fall
ein Fall und ein Einfall
sein Fall und ein Reinfall
und mitten unter dir und dich
mein Fall
das verschriebene Ich

Herbstweg

So begleitet
an buntbekannten Säumen
wird der Blick enger
im sonnenabgekehrten Licht
wenig durchdringt die überlegenen Nebel
und die tieferen Himmel
kein fernes Wiedererwachen
und nicht die weiteste Einkehr
doch so begleitet
wird dem Ende ein Anfang wahr

Augenblick deiner Nähe

Ich
überlasse mich
dir ganz
in diesem Augenblick
dringt nur der Pulsschlag deines Herzens
an mein Ohr
deine Nähe hüllt mich ein

die Wärme deiner Haut
umschließt mich sanft
die Fülle deines Atems
wiegt mich sacht
in diesem Augenblick
lockt süßer nur
der Schlaf

Gottes Ebenbild

Es sind Menschen
die ich liebe
es sind Menschen
die ich hasse
es sind Menschen
die ich verehre
es sind Menschen
die ich verachte
es sind Menschen
denen ich vertraue
es sind Menschen
die ich fürchte
ich bin nichts mehr
als ein Mensch
Gott verbirgt sein Angesicht
im Antlitz seines Ebenbildes

Hin oder Her

Du siehst sie
sie sieht dich
du erkennst sie
sie erkennt dich
du bleibst stehen
sie bleibt stehen
gehst du nun hin
oder kommt sie her
sie macht einen Schritt auf dich zu
du wartest
sie wartet
du machst einen Schritt auf sie zu
sie schaut verlegen zu Boden
du bist verwirrt
sie neigt sich leicht zur Seite
tänzelt sacht rückwärts
du bist immer noch verwirrt
sie geht den Weg den sie gekommen ist
du gehst weiter und denkst
es ist doch zu albern
dieses Hin und Her

Deine Abwesenheit

für Andrea

Du
fehlst mir
so sehr
für mich allein
geht jeder Atemzug
ins Leere
für mich allein
ist jeder Herzschlag
ohne Sinn
es zählt nur
dass du wiederkommst

Wahrheit

Die Wahrheit ist tot
sie wurde missbraucht
geschändet
im Namen
unbeugsamer Gerechtigkeit
gefoltert
im Auftrag
globalisierter Geschäftigkeit
gekreuzigt
zum Lobe
gläubiger Hörigkeit
hier und überall
die Wahrheit ist tot
Hunger und Elend
stehen bereit
heute
zum letzten Geleit

Fahren

Fahren
weit hinaus
ohne Halt und Bleiben
zurückgedrängte Fragen
bleiben offen
zurückgelassene Schätze
unverschlossen
die Ferne
lässt die Zukunft
frei erscheinen
jedes Ziel
lohnt jeden Weg

Teilen

für Julia

Wir teilen uns
die Einsamkeit
die wachen Stunden
in nicht enden wollender
täglicher Nacht
die Sehnsucht
nach dem Beieinander
die unüberwindbare Grenze
nicht zu spüren
die uns
immer wieder
von den Anderen
trennt

Kein Ganzes

Das große Ganze
erfasst niemand
immer ist es nur etwas
das jemand
in den Händen hält
von einem Teil zu sprechen
wäre vermessen
weil keiner das Ganze kennt
und niemand weiß
ob es sich teilen lässt
nur Gott ist alles
und noch etwas mehr

Verdacht

Hättest du nicht gebellt
hätte ich gedacht
du wärst eine Katze
und ich kratzte dir morgen schon
die Augen aus
aber
du hast mich verwirrt
und vielleicht habe ich mich geirrt
in meiner Bestimmung
meine Gesinnung
spielte mir einen Streich
hättest du also nicht gebellt
hätte ich dich noch in Verdacht
aber nun hast du mir einen Strich gemacht
durch meine Orientierung
ich muss von vorn beginnen
einen neuen Eindruck gewinnen
denn nun weiß ich nicht
bist du die Katze
oder ich?

Für meine Mutter

Das leere Zimmer
füllt den hohen Raum
die Uhren
finden diese Stunde nicht
mein Gott
ein einziger
stummer Schrei
in dieser hellen Nacht
darfst du sie nicht verlassen

Macht

Vielleicht brauchen wir ein elftes Gebot
Du sollst keine Macht ausüben
über andere Menschen
nicht in Liebe
nicht in Hass
alle die mächtig sind
müssen denen dienen
die sie beherrschen
Politiker
Richter
Ärzte
Eltern
Partner
sie sollten um Verzeihung bitten
für jeden Versuch
sich eines Anderen
zu bemächtigen
Macht steht nahe
der Lüge
dem Betrug
der Lieblosigkeit
der Gewalt
niemand bleibt ohne Schuld

Rosen

Rosen übergeben
    übergeben Leben
        geben Leben schenken
            Leben schenken Schmerzen
                schenken Schmerzen danken
                    Schmerzen danken Liebe
                        danken Liebe Rosen?

Gerede

Plötzlich ist es da
du hast etwas gesagt
und du bist empört
was die anderen daraus machen
du stellst klar
dass du es so nicht gesagt hast
und wenn du es so gesagt hast
dass du es so nicht gemeint hast
es bleibt ungehört
immer wieder erfährst du
was nun zweite dritte vierte dazu sagen
und auch so meinen
du erkennst deine eigenen Worte nicht
tagein tagaus verfolgen dich bis in die Träume
nur Verzerrungen
wenn das Gerede verraucht ist
wird es still um dich
hin und wieder treffen dich scharfe Stiche
versteckt als guter Rat besonderer guter Bekannter
du bekommst lindernden Trost von wahrhaften Freunden
die dir raten alles nicht so schwer zu nehmen
es wird still
auch in dir selbst
Zweifel steigen auf
die du schamhaft verbirgst
und eine Ahnung
dass du mehr ausgedrückt hast
als du zur Sprache bringen wolltest
es erscheint dir nicht mehr völlig abwegig
dass die anderen etwas herausgehört haben
was du unter allen Umständen vermieden hast
jemals zu sagen

Mein doppeltes Ich

für Andrea

Es sei so
ich begegne mir selbst
vielleicht
am helllichten Tag
auf der Straße
mitten im Gewühl
oder
im Halbdunkel
der Grotte von Thouzon
die nur wenige besuchen
werde ich mich erkennen
staunend angewurzelt inne halten
vor meinem unverkehrten Spiegelbild
wird mein Herz vor Freude heftig klopfen
werde ich mich getäuscht fühlen
weil mir etwas genommen wird
dass ich nur wenig zu schätzen wusste
mit dem ich mich
teils recht teils schlecht
arrangiert habe
und wenn mein doppeltes Ich den Mund aufmacht
und spricht
werde ich denken
was redet der dumme Hund
ich werde jedenfalls nichts sagen
vielleicht schaue ich auch weg
drehe mich um
gehe fort
es wird mich noch lange beschäftigen
jede Begegnung mit sich selbst
ist ein Wagnis

Starr oder bewegt

für Doris

Der Versuch
etwas
festzuhalten
ist
zum Scheitern verurteilt
mit Gewalt
ist es möglich
der Entwicklung
Steine in den Weg zu legen
doch
besteht die Gefahr
dass zu Grunde geht
was bewahrt werden soll
vieles bewegt sich fort
manches kehrt wieder
es ist gut
sich mitzubewegen
oft nur aus Angst
erscheint
sich nicht zu rühren
sicherer
dabei
ist bekannt
dass allzu starr
leicht bricht
starr sein
ist Gewalt
gegen sich selbst
und opfert
was es beschützen will

Sicherheit

Ist nichts wirklich sicher
nicht der Boden auf dem ich stehe
nicht das Haus in dem ich lebe
nicht die Beziehung die ich habe
kann jederzeit
der Boden erbeben
das Haus einstürzen
die Beziehung brechen
sicher
ist die Liebe
die uns Gottes Nähe schenkt
gewiss
ist der Tod

Monologe

Auszug aus dem 2. Monolog

Davon will ich wissen
vom Geschehen in den kleinen Zimmern
von den schwelenden Körpern
und den stickigen Seelen
von dem Rhythmus auf der Matratze
und dem Immer-Wieder
bis zur Vollendung
davon will ich wissen
was zu Schmerzen wurde
was mit Lust begann
was auf weißen sterilen Tüchern
mit Dotterhaut überzogen
von weißen sterilen Gummihandschuhen
zum Leben erwachte
davon will ich wissen
wie alles begann
was wurde
was wuchs
was währte
was war
wie weiter
langsam auf dem vorbestimmten Weg
mit den vorbestimmten Ecken
den geebneten Hindernissen
den zurechtgetrampelten Seitenpfaden
wer hilft
die Brigade der Immer-zur-Seite-stehenden
im Wechsel
zwischen Nutzen und Tod

ausgebraucht werden
nicht mehr nützen
einer wie der andere
stirbt die Mutter
dann stillt eine Amme den Hunger
das Wesen schluckt
und stößt sich mit den Füßen ab
zum zweiten Sprung
am toten Leib der Mutter
weiter mäht die Erfüllung
der Plan vergisst den Vater nicht
aber Väter sind viele
an den Seitenpfaden
den Samenvater
braucht niemand mehr
rollendes grollendes Lebensgewitter
das Wesen tritt auf
geht
und erfährt
Triebe tragen die Tage
Fragen bleiben unerklärt
rollendes grollendes Lebensgewitter
wer Vater ist
der ist Despot
Alleinherrscher über bewundernde Augen
Alleingeliebter eines heißen Herzens
Lehrer der weiß
wogende Klippe zum Hinaufziehen
wer die Klippe bezwingen will
findet die Gegner der Klippen
die die runden Steine hassen
und den schimmernden Sand
sie werfen mit Meteoriten
auf Staubkörner
die Klippe zerfällt

und nur der Tod des Despoten
befriedigt das Wesen
doch
der Stein
in der Hand
wird schwerer
die Hand erlahmt
der Stein fällt
auf den Fuß
Schmerzen quälen das bewusste Wesen
es muss vergessen
es fühlt
seine Schuld
es meint zu ersticken
im Trott
es zählt die Schuld
zum Inventar
es will sich nicht auseinandersetzen
mit den Schuldlosen
sie verschulden
anderer Schuld
es will nicht wissen
von den Weisen
von Weisen die weich weise weichen
es will nur leben
um zu leben
mitzuleben
um zu leben
nur mit der Gewissheit
dass nichts mehr den Verstand überkommt
kriechender siechender Lebenstod
keine Blicke mehr zum Schauen
sich äußernde Leere
das Licht
nach innen gekehrt

und nur schwach leuchtend
ein wunder Kreis brennt in der Tiefe
des Nicht-erleben-wollens
immer nicht-erleben-wollen schleudert das Wesen
aus seiner Bahn
bläht sich auf
zu unausgefüllter Größe
treibt in sich Jahrmillionen
und drängt hin
zum Ich
kein Wesen mehr
in bedrohlicher Menge
ein Ich
allein
mit dem Wissen
ausreichend
für Millionen von Wesen
mit gänzlicher Leere
doch
ein wunder Kreis
ist offenes Feuer
in der Höhe
als brausendes Feuer
bedrohlich
für ein in wilden Zyklen
kreisendes Ich
der endliche Tod
wenn...
doch
die Brigade der Immer-zur-Seite-Stehenden
zeugt einen neuen Vater
für das Ich
einen stärkeren
als das Ich
einen klügeren

als das Ich
drei Schritte im voraus
beim Wettlauf
und an Sekunden schneller
ein Stachel
ein Fußhaken
bei gewagten Schritten
das Ich
muss sich beschränken
es wird mehr
das Wesen in der Menge
doch die Beschränkung
bleibt Schwäche
gegenüber dem Stachel
Verzweiflung mobilisiert
Wille schürt den Hass
doch
Erregung hinunterschlucken
den heißen Kopf kühlen
geschlagen werden
jämmerlich zusammengepfercht
zwischen dem Wunsch
gewollt zu haben
und dem tätlichen Versagen
aber auch danach
weiter versucht werden
immer wieder Verlierer sein
Grund zum Auslachen
Ergebnis für Spott
in Erinnerung spüren
wie alles
hoch zu Kopf steigt
immer und immer erbeben
vor Wut
diese Wut hat keine Worte

die versöhnen könnten
ausgleichen würden
diese Wut steigert sich
bei ständigem Versagen
doch
die Brigade der Immer-zur-Seite-Stehenden
trifft Vorsorge
der neue Vater
zeigt verwundbare Schwächen
das Ich sieht sie
als Wesen das sieht
und weiß
dass kein übermächtiges Etwas
es
gedukt gedemütigt geschlagen hat
was braucht es mehr
Genugtuung
um eigene Schwäche zu vertuschen
Rache
für rettende Erniedrigung
vor Unwirklichkeiten
Gleichmut
endlich geöffnet sein
zum fördernden Kontakt
es wäre noch sehr viel zu sagen
zu dem
was schon gesagt wurde
überdies individualisiert wurde
aber eins wie das andere
im Schritt zum Ziel
einem Rhythmus anheim gestellt
vorläufig
zum Ende wurde

Auszug aus dem 3. Monolog

So wird es darum werden
wie der reine Geist
bekannt
wie lange unbekannt
gewesen
im Monolith
absehensstark als Kubus
unüberwindlich als Kultur
menschengebaut
ab- und aufgetragen
von plus-minus-null
bis nach unendlich
Strich
bis unter die Gräber zerfallener Toter
gezogen
bis dahin
konserviert zu sein
als reiner Geist
von vor lange her
von vor lange unbekannt
So wird es darum dauern
von Dynastie zu Dynastie
der behauene Stein
als Quader
zum Denkmal erhoben
durch seine Form
und immer der Stein bleibend
wenn auch unter der Bedrohung
zersetzt zu werden
und nicht als Schaffensperiode
ewig zu dauern
wohl aber
als reiner Geist

Inhalt